YOUR KNOWLEDGE HAS VALUE

Elzbieta Szumanska

Etiket mezhdunarodnogo obshchenya

GRIN Verlag

Bibliografische Information der Deutschen Nationalbibliothek:

Die Deutsche Bibliothek verzeichnet diese Publikation in der Deutschen National-
bibliografie; detaillierte bibliografische Daten sind im Internet über http://dnb.d-
nb.de/ abrufbar.

Imprint:

Copyright © 2006 GRIN Verlag GmbH
Druck und Bindung: Books on Demand GmbH, Norderstedt Germany
ISBN: 978-3-640-41107-8

This book at GRIN:

http://www.grin.com/en/e-book/128376/etiket-mezhdunarodnogo-obshchenya

GRIN - Your knowledge has value

Der GRIN Verlag publiziert seit 1998 wissenschaftliche Arbeiten von Studenten, Hochschullehrern und anderen Akademikern als eBook und gedrucktes Buch. Die Verlagswebsite www.grin.com ist die ideale Plattform zur Veröffentlichung von Hausarbeiten, Abschlussarbeiten, wissenschaftlichen Aufsätzen, Dissertationen und Fachbüchern.

Visit us on the internet:

http://www.grin.com/

http://www.facebook.com/grincom

http://www.twitter.com/grin_com

Уральский Государственный Экономический Университет

Факультет: Менеджмент и Международные Экономические Отношения

Этикет международного общения.

Выполнила: **Эльжбета Шуманьска**

г. Екатеринбург

2005г.
Содержание.

Введение.

Введение.

Каждый человек индивидуален, чем собственно, и интересен. Вместе с тем, он не может существовать вне общества. Только в коллективе себе подобных он утверждает себя как личность. Правила человеческого общения предполагают культивирование универсальных форм поведения, облегчающих общение людей, демонстрирующих максимальное миролюбие, уважение друг к другу.

Общество во все времена различало понятия добра и зла, т.е. имело определенную мораль. Исторей развития разграничения этих понятий занимается этика, в центре которой стоит мораль, т.е. система нравственных отношений, мотивов действия, чувств и сознания. Эти системы определяют «рамочные» границы отношений, поступков и взаимодействий людей в обществе. Конкретное наполнение этих систем зависит от исторического этапа развития общества, т.е. от того, как обществом этого исторического периода понимаются категории добра и зла, какова трактовка высшего блага. Суть высшего блага могут составлять политическая, экономическая, социальная, религиозная и прочии концепции, каждая из которых может иметь различную форму: например в политической сфере – капиталистическая мораль, буржуазная мораль; в экономичной сфере социально – рыночной экономики.

Изучение исторического развития морали, стоящей в центре этики, показывает, что в разные исторические периоды общество имело различия в складе мышления, в представлениях о мире, в системах духовных ценностей. Несмотря на это, следование определонным нормам приобретает особый смысл в международном общении, поскольку всякое государство еще и само по себе индивидуально в своем историческом развитии, социально – экономическом укладе, неофициально – культурных традициях.

Сегодня взаимозависимость мировых обществ становится все очевиднее с каждым днём. Политические вожди оказываются в центре постоянно ведущихся диалогов о достижении взаимной безопасности, об ослаблении напряженности и конфронтации между странами, о контроле над ядерной угрозой и повсеместном повышении уровня жизни.

1. Поведение человека в обществе.

1.1 Формы регулирования поведения и их задачи.

Формы регулирования поведения человека различны. К ним относятся правовые нормы, традиции, обычаи, привычки, нормы морали и нравенности.

Правовые нормы находят свое выражение в различных правовых актах на уровне государства или его субъекта, в регламентирующих документах более узкой направленности и в ведомственных инструкциях. Нарушение правовых норм на уровние государства влечет за собой наказание нарушителя, которым может быть лицо юридическое или физическое. Нарушение норм на уровние ведомства также влечет за собой вполне определенные меры. Нарушение обязательных норм указанных в инструкциях организации, может привести к выговору или замечанию, штрафу, депремированию или увольнению с занимаемой должности. Надо однако сказать, что правовые нормы косаются только некоторых форм жизни человека. Не менее важную роль в регулировании поведения личности играют традиции, обычаи, привычки, моральные нормы. Они являются результатом многовекового опыта человеческого общества, которое всегда стремилось к тому, чтобы каждый человек и общество в целом могли гармонично сосуществовать.

В современной деловой практике такие черты, трдолюбие, бескорыстная доброжелательность, пунктуальность, своевременность исполнения приказов и распоряжений, правдивость, точность, справедливые решения и т.п., квалифицируются как моральные качества. И наоборот, взяточничество, безпринципность, корупция, подтасовка фактов, уклонение от ответственности и прочие, оцениваются как омаральные.

Нормы морали отличаются от правовых тем, что они не зафиксированны в государственных и международных регламентирующих документах. Нарушение моральных стандартов влечет за собой не такие наказания, как нарушение правовых норм. Чаще всего нарушение моральных устоев наказывается общественным порицанием, которые проявляются в различных формах – в виде критических замечаний, осуждения, порицания, отказа в общении.

На нормах морали основанны традиции обычаи и привычки. Они весьма разнообразны – в разных странах, регионах, у разных национальностей. Например, белый цвет у некоторых народов по традиции означает нарядность, паздничность, а у других – траур. У многих народов, говорящих на немецком языке, по традиции самое почетное место за столом – слева от хозяйки, а по современным международным традициям это справа от хозяйки.

Традиции, базирующиеся на нормах морали, являются основой формирования внешних проявления поведения и поступков человека и взначительной мере отражаются на взаимных отношениях людей в процессе осуществлении ими деловых отношений. Это может происходить в форме поведения во время деловых встреч и переговоров, в одежде, её опрятности, чистоте, безупречности, а так же в деловых беседах, в организации и оборудовании служебного помещения и рабочего места или в поведении во время деловых приёмов.

Современные деловые традиции требуют таких черт, как тактичность, доброжелательность, любезность, пунктуальность, вежливость, верность слову, умение слушать и владеть собой в конфликтных ситуациях. Однако они не остаются неизменными: одни перестают существовать, стираются из памяти и из употребления, другие рождаются и постепенно преобретают силу и распространение. Некоторые меняют несуть, а формы проявления. Изменения в государственном устройстве, культуре, характере взаимотношений народов, населяющих определенную страну и земной шар, а так же технический, технологический, научный прогресс, развитие средств коммуникаций - всё это влияет на традиционные нормы общения между людьми. Предерживаясь существующих традиций - разумных пределах - можно избежать многих конфликтов, взаимного не понимания, излишних противоречий и даже неприязненного к себе отношения. Поэтому важно знать и стараться предерживаться традиций и обычаев, существующих в той стране, куда человек едет в командировку, учитывать их и в дружеском общении и деловых межличностных контактов.

Взаимное уважение к традициям портнёров по бизнесу, представляющих свои фирмы, находящихся в разных странах, поможет сделать деловые контакты мягкими, устранить различия в понимании целей, оценке путей их достяжения, что приведет, в конечном счете, к принятию совместного решения без лишний осложнений и эмоциональных потерь. Следование традициям позволяет проявить уважение к другим людям, обычаем страны, её культуре. Недаром государственные и политические деятели, планируя визит в другую страну или регион своей страны, стремятся заранее ознокомиться с традициями и обычаями той местности.

1.2 Этикет и протокол как средства сохраниения форм регулирования поведения.

Многие виды государственных норм тесно связаны и переплетены с нормами официального этикета[1], т.е. общепринятыми правилами поведения официальных лиц в отношениях друг с другоми на публичных мероприятиях. Важнейшей функцией этикета является установление правил взаимоотношений между государствами, регулирование дипломатической деятельности. В соответствии с этими правилами осуществляется назначение, аккредитация и отзыв дипломатических представителей, определяется их старшинство, планируется церемониал по поводу того или иного события, проводятся международные конференции переговоры, ведется официальная переписка, наносятся визиты, организуются приемы и т.д..

В последние годы, прежде всего в связи с ростом негосударственного сектора экономики, развитием коммерческой и предпринимательской деятельности, достаточного активно используется понятие «деловой протокол» т.е. правила государственного и дипломатического общения. Разумеется, деловые традиции более гибки и свободны. Однако это вовсе не исключает

---

[1] Фр. etiguette – ярлык, этикетка

строгого применения правил дипломатического протокола в обеспечиванию государственных мероприятий и международных деловых контактов, что не только не считается ошибкой, но скорее свидетельствует о большом само- и взаимоуважению деловых людей. Правила протокола исторически обусловлены. Они возникли из постоянных повторений и отбора тех традиций, обычаев образцов поведения, которые в наибольшей степени способствовали атмосфере мирлюбия в общении людей. С появлением и развитем отношений между ними появилась необходимось в упорядочении внешних форм публичной деятельности государственных институтов и организации межгосударственного общения на основе добрососедства. Эти функции выполняют государственный и дипломатический протокол, развиваясь и эволюционируя с развитем объектов их применения.

Нормы дипломатического протокола являются международными. В их основе лежит признание государственного суверенитета, равенства, территориальной целостности, невмешательство во внутренние дела друг друга. Это проявляется, с одной стороны, в демонстрации властями страны аккредитации уважения к дипломатическому представителю того или иного государства, а с другой стороны — в таком же отношении представителя к официальным лицам и учреждениям государства, в котором он аккредитован. При всех различиях во взаимоотношениях между государствами общепризнанно, что каждый дипломат пользуется в стране пребыванияоднаковыми привилегиямии и иммуиитетами в соответствии с его рангом.

Некоторым нормам протокола предана юридическая сила международными правовыми актами. Однако большинство норм исходит из традиций международной вежливости, носит согласительный характер. Тем не менее, обшепринятые правила протокола исполняются всеми государствами одинакого. Будучи заинтересованны в добрососедских отношениях, они демонстрируют эту заинтересованность, строго соблюдая протокольные условности в межгосударственных отношениях.

Помимо всего, соблюдение правил протокола основывается на принципе взаимности. Приняв представителя другого государства у себя в стране не на должном уровне, трудно рассчитывать на проявление гостеприимства к своему представителю за рубежом. Универсальность правил международного общения не означает их полное единообразие. В рамках общепризнанных норм, в зависимости от состояния отношений между государствами, политических задач, допустима определенная дифференциация подходов. Без нарушения основ протокола официальному мероприятию может быть предана большая или меньшая торжественность, расширен или, наоборот, сужен круг его участников, изменен их персональный состав и т.д. Однако, прибегая к таким мерам, всегда нелишне вспомнить об упоминавшемся уже принципе взаимности.

Протокол помогает демонстрировать уважение к другим государствам не в ущерб своему престижу, национальному достоинству и самобытности. Помимо унифицированных протокольных правил, которые имеют фактически характер международно-признанного обычая, существуют специфические правила официального протокола отдельных государств. Их происхождение обусловлено национальными традициями, народными обрядами и ритуалами эпох. Бережное отношение государств к своему культурному наследию, органически переплетенному с современной процедурой внешних отношений, значительно разнообразит и обогащает протокольную практику. К тому же выработка модели национального протокола – одно из важных средств формирования имиджа государств, их самоидентификации и узнаваемости в мировом сообществе.

2. Примерные элементы деловой культуры.

В международной протокольной практике принято реагировать на важнейшие события в жизни зарубежных партнёров. Характер реагирования определяется важностью события, состоянием двусторонних отношений, особенностями местной протокольной практики. В межгосударственных отношениях во всех случаях протокольного реагирования на отдельные события руководствуются помимо всего прочего политическими соображениями.

Национальными символами, отражающими судьбоносные изменения в истории каждой страны (победа революции, особождение от захватчиков, достижение национальной независимости и т. д.), являются её национальные дни – государственные праздники. Правила международной вежливости обязывают дипломатических представителей и консулов участвовать в церемониях по случаю национальных праздников страны пребывания, список которых рассылается посольствам протокольной службой этой страны. По этому случаю на зданиях посольств и консульств и других официальных учреждений вывешиваются национальные флаги. Дипломатические представители присутствуют на официальных церемониях, на которые они приглашаются местными властями, а также на церемониях с участием главы государства пребывания. На здании представительства и других официальных учреждений вывешивается также национальный флаг по особым случаям и когда выражено пожелание местного правительства. В некоторых странах на церемонию вступления в должность главы государства приглашаются иностранные делегации. Эта миссия может быть поручена послу, аккредитованному в стране. В таком случае посол присутствует на всех мероприятиях, предусмотренных церемониалом вступления в должность.

Важной формой протокольного реагирования является проявление сочувствия и направление соболезнования на соответствующем уровне, иногда участие в траурных мероприятиях. О времени и порядке их поведения по случаю кончины главы государства, правительство министерство иностранных дел сообщает правительствам иностранных государств через свои посольства. Соболезнования выражаются в случае крупных стихийных бедствий или катастроф, повлекших человеческие жертвы. В дни траура дипломатические представительства, аккредитованные в стране, отменяют запланированные приёмы. Над зданиями посольств приспускаются государственные флаги.

Переговоры это другая щчень важна форма международного общения. Умение их подготовить и правильно с протокольно – этикетной точки зрения провести – существенный показатель профессиональной культуры. При этом предмет ведения переговоров, по мнению специалистов, особого влияния на организацию подготовки и поведения не оказывает. Важно знание общих правил и методики этой работы. В подготовке переговоров можно выделить следующие ключевые элементы: выбор места проведения переговоров, формирование делегации, решение организационно – процедурных вопросов.

Место и время проведения переговоров определяется по взаимной договоренности сторон. Инициаторы встречи могут первыми высказать свои соображения по данному вопросу и в порядке вежливости предоставить право принять окончательное решение приглашаемой стороне. По политической практике достаточно распространено проведение переговоров на нейтральной территории. Особенно это касается обсуждения спорных, конфликтных проблем. Например, проведение известной американски-советской встречи на высшем уровне в Рейкьявике помимо всего прочего было продиктовано равной удаленностью столицы Исландии от Москвы и Вашингтона. Стороны сделали равные шаги навстречу друг другу, ничей престиж не пострадал.

Согласно международной практике па переговорах прито придерживаться принципа паритета – т.е. равенства количественного состава и уровня представительства делегации. Количественное неравенство дает преимушество одной из сторон, представленной большим числом участников, а стало быть, имеющей больше возможностей для оценки ситуации и выработки оптимального решения. Равное представительство предпочтительнее с точки зрения этикета и полномочности и принятии решений руководителями делегаций. Отклонение от принципа паритета возможно ввиду обстоятельств, в которых необходимо убедить партнёров. Не желательны переговоры один на один в силу определенной зависимости их результата от субъективных причин. В случае необходимости решается вопрос о дополнительном привлечении к работе экспертов.

Атмосфера переговоров в определяющей степени зависит от стратегиие найти более покладистого партнёра.

Современная международная практика в большей степени ориентирована на партнёрские отношения, совместный поиск решений, которые в максимальной степени удовлетворяли бы интересы обеих сторон. В их основе лежит философия разумного эгоизма, сознательное подчинение собственных интересов общему делу. Такой подход к переговорам предполагает более высокий уровень доверия между партнёрами, недопустимость использования разного рода нечистоплотных уловок.

Помимо чисто деловых качеств, большое значение в налаживании комфортных отношений имеют и личные, человеческие черты, умение произвести хорошее впечатление на партнёра. Этому способствует хорошее знание друг друга. На Западе, например, серёзные фирмы в «блок маркетинговых исследований» включают сбор сведений о партнёре. Это помагает во время переговоров избежать недоразумений как делового, так и бытогого характера.

Участникам переговоров необходимо помнить о конфиденциальности трений, особенно при контактах с представителями средств массовой информации. Члены делегаций по окончании работы должны воздерживаться от публичных заявлений без соответствующего на то разрешения со стороны руководителя.

Строгое соблюдение общепринятых в международной практике протокольно-этикетных и процедурных норм на всех стадиях является важной составляющей их успеха.

Язык переговоров, участие в них переводчиков с одной или двух сторон определяются предварительно по взаимной договоренности. Довольно часто общение лиц, участвующих в международных коммерчкских переговорах, может протекать без участия переводчиков, особенно если требуется использование языков, имеющих мировое распространение – англиского, француского, немецкого.

Однако когда от простого общения надо перейти к тщательной проработке каждого пункта договора, где неточное слово или выражение может привести к непредвиденным убыткам одной или обеих сторон, к неправильному или даже незаконному получению или использованию прибыли и другим неприятностям, лучше не рисковать и прибегнуть к услугам переводчика. Кроме того необходимость использования таких языков, как арабский, финский, польский, китайский, так как правило,требует работы переводчиков, так как эти языки менее популярны в мире. Каждая из сторон, участвующих в переговорах, включает в состав группы своего переводчика, а может быть и нескольких.

В деловых встречах в переговорах переводчик находится в своеобразном положении. Это не самостоятельный участник деловых переговоров, это «инструмент», с помощу которого процесс международных деловых переговоров протекает наиболее эффективно.

Этичным со стороны участников деловых встреч и переговоров бизнесменов разных стран будет учёт особенностей в условиях труда переводчика. Этические нормы требуют от говорящих использовать короткие фразы, которые должны быть предельно простыми, не употреблять метафор, идиоматических выражений, пословиц и поговорок. Дело в том, что лишь очень квалифицированный переводчик может быстро сориентироваться и подыскать аналогичную поговорку или идиоматическое выражение на том языке, на который он переводит. Например, русское выражение «*В тихом омуте черти водятся.*» перевести на польский как «*Тихые воды берега рвят.*» однако не всегда переводчик сможет быстро отреагировать на подобные затруднения в переводе. Ему также необходимо глубоко понимать значимость своего труда, свою роль, которая внешне мало заметна, но в конечном счёте достаточно сильно влияет на успех экономических, культурных и других контактов фирмы.

В деловой практике достаточно часто приходиться сталкиваться с критикой – либо самому критиковать, либо быть объектом критики. Особенно важно дипломату знать правила критикии этические требования к ней, посколку ему приходиться время от времени высказывать критические замечания в адрес своих партнёров, связянные с оценкой их работы и служебнего поведения.

В положении как критикующего, так критикуемего, есть много аспектов, которые могут привести к осложнениям во взаимоотношениях и даже к конфликтам. Критика вредит иногда психологическому климату и снизает уровень этичности, если критические замечания высказаны некорректно. Для того чтобы, по возможности, снять эти осложнения в процессие высказывания критических замечаний, следует придерживаться некоторых правил, в основном касающихся этической стороны процесса.

Сначала надо решить, есть ли организационные, юридические или статусные основания для критики зарубежного партнёра. Критику надо начинать с похвалы, чтобы не обединить представителя другой культуры. Критиковать надо зависимые от людей аспекты, никогда традиций или национальные особенности. Критиковать надо только впоследствии. Критика будет приемлемой только в том случае, если она облекается на вежливую форму. Реформы будут претворяться в жизнь лишь постольку, поскольку они могут быть применены местным условиям и если они будут предложены таким образом, чтобы это не задевало чувство гордности местного населения. И наоборот, критику желательно принимать спокойно, не объединяться, тоже не согласясь с ней. Даже самокритика, стремление избежать раздражающих тем и стрессовых факторов, более точная оценка индивидуальности, тактичность, терпимость, адаптация к другой стороне без ущерба для собственного достоинства, внимательное изучение культкуры, истории и языка своего партнёра – все эти средства должны быть пущены в ход при встрече двух различных мений.

Деловые приемы хотя и имеют более свободую, раскованную атмосферу, нежели деловая встреча или переговоры, однако преследуют ту и же саму цель: заключение взаимовыгодных сделок. Они формой представительской деятельности государственных органов всех уровней, которые проводятся в ознаменование важных событий, как национальные праздники, по случаю пребывания в стране зарубежных делегаций, проведения каких-либо официальных мероприятий в порядке оказания почестей дипломатическим представителям, аккредитованным в стране. В практике широко распространены приемы с целью оказания почестностей руководящим лицам страны пребывания, а также в порядке осуществления дипломатических функций. Главное содержание приемов, как сказано – углубление и расширение контактов, получение необходимой информации в неформальной обстановке.

Несмотря на имеющиеся сегодня национальные особенности, в международной практике сложилась определенная классификация приемов, носящая в некотором смысле условный характер. Прием принято считать оыициальным, если на него приглашены гости согласно их служебному статусу. Они разделяются на дневные: «Бокал шампанского», «Завтрак» и на вечерние, более распространены, как «Коктейль», «А-ля фуршет», «Обед», «Чай», «Ужин», «Жур фикс». Есть другие, менее распространенные виды приемов – литературные и музыкальные вечера, выезды на природу, рыбалку и т.д. Выбор вида приема определяется характером события, которому он посвящен, финансовыми возможностями его устроителей, а также сложившимся протокольными традициями. Их подготовка требует значительных организационно-материальных затрат, специфика поведения вынуждает организовать число приглашенных лиц, прежде всего со своей стороны. В международной протокольной практике нет обязательного правила устраивать ответные приемы.

Значимость культуры обмена подарками в общении людей, стало быть, в протокольном работе. Подарок – это всегда символ уважения, своеобразная форма выражения чувств. Поводом для таких акции могут быть юбилейные и памятные даты, визиты зарубежных делегаций, завершение какой-либо работы или подписание договора, контракта. Выбор подарка определяется характером взаимоотношений с партнёрами, их профессиональными и личными интересами. В отношениях с иностранцами принимаются во внимание культурные традиции представляемой страны. Деликатным моментам при выборе подарка является его цена. Следует упомнить, что дорогостоящим подарком можно поставить партнёра в неловкое положение. К тому же в ряде стран закон запрещает должностным лицам принимать подарки, стоимость которых превышает оговоренную относительно небольшую сумму. Особенно шепетильны в этом отношении представители США и Великобритании. Поскольку строгие законы, заставляющие либо сдавать дорогие подарки, либо вносить в казну их стоимостьприняты сегодня во многих странах, отношение протокольных служб к церемонии обмена подарками постепенно меняется. Уходит в прошлое практика дорогих подношений высоким гостям во время визитов на высшем уровне. Она уступает место обмену сувенирами «со смыслом», сделанными специально к такому случаю. Существенное значение имеет наличие на сувенире национальной символики или символики принимающей организации или фирмы. Но нельзя дарить подарки, которые могуть быть расценены как взятка, крмпенсация за оказанную услугу или попытка оказать давление. При вручении презента слелует быть предельно деликатными, чтобы у партнёра не возникли никакие подозрения. Этикет требует при получению подарка тёпло выразить признательность за него.

Однако правила допуутри делегации гостей. Особенно чувствительны к нарушениям субординации китайцы, японцы, корейцы, представители других азиатских государств, где служебные отношения построены на строгой иерархии. Важность этого обстоятельства побудила в свое время соответствующие службы бундестага ФРГ издать для депутатов германского парламента, отправляющихся за рубеж, справочник о правилах дарения подарков и сувениров. В нем, помимо иных полезных советов, содержится ориентировочная стоимость и примерный перечень предметов, которые допустимо дарить представителям принимающей стороны в зависимости от их статуса.

4. Некоторые особенности национальной психологии и её деловой этики.
4.1 Русские.

Распад Советского Союза привел к исчезновению гигантского поликультурного исторического феномена – запутанного клубка из разных стран, рас, республик, территорий, автономных областей, философий, религий, которые образовали конгломерат, оформленный в самый огромный политический союз в мире. Крах этого союза помогает ограничиться рассматрением феномена более простого, но само по себе сложного – культуры самой России.

В своем масштабном труде голландский антрополог Хофстеде исследовал в 1980 г. культурные различия сотрудников фирмы IBM в 67 странах с 117.000 анкетами. Для него культура является *"коллективным программированием духа, которое отличает членов одной группы или категории от других"*. Хофстеде в своём труде определил ключевые характеристики, присущие той или иной культуре, и вывел показатели для основных стран. Список характеристик следующий: дистанция от власти, коллективизм и индивидуализм, власть мужчины, избежание неопределённости и направленность общества на достижение либо ближайших целей, либо долгосрочных планов. Хофстеде ставит под сомнение практическую ценность применения этих характеристик в веб-дизайне в виду отсутствия систематических примеров или других исследований. В этой связи было бы интересно проследить, имеется ли такая связь в российском веб-дизайне. Показатели Хофстеде по России слегка варьируются в разных источниках, однако, приблизительные числа такие[2]:

дистанция от власти	95
индивидуализм	50
власть мужчины	40
избежания неопределённости	90
долгосрочная ориентация	10

---

[2] шкала в процентах

Предполагается, что сайты стран с высоким индексом дистанции от власти имеют более высокий уровень структурированности информации, глубокие иерархии, частое обращение к символам социального и морального порядка (национализм и религия), фокус на экспертизе и авторитетах, важность вопросов безопасности и доступа к информации.

Очень высокое соотношение руководитель-подчинённый в России наверняка никого не удивит. Все мы знакомы с этим ещё со времён социализма и партийных иерархий. Свидетельств этому в дизайне сайтов можно найти немало: первое - это засилие глубоких иерархических меню буквально на каждом сайте. Можно обратиться и к конкретному примеру. Россия (95) в этом смысле очень сильно отличается от Германии (35), где нормой являются более равноправные, партнерские отношения между начальником и подчиненным.

На базе разного понимания, что такое «правильное руководство» возникают многих конфликтов. Немцы желают активного участия русских сотрудников в процессе решении сложных задач, призывают их к собственной инициативе и предпочитают более демократический стиль руководства. А русские партнеры хотят, чтобы все решалось на уровне высшего начальства и там осталась и отвественность за принятые мероприятия.

Высокая степень индивидуализма предполагает сосредоточение на индивидуальных достижениях, материальных ценностях (в противовес социальным), аргументативное обращение (вместо всеобщих лозунгов).

Поскольку Россия по этому показателю находится примерно в середине шкалы, судить о каких-либо явных проявлениях этого фактора трудно. Некоторые источники, однако, приводят данные о снижении индекса индивидуализма в современной России (т.е. уклон к коллективизму), однако возможно это является результатом более детального исследования России, по сравнению с оригинальным трудом Хофстеде.

Высоко маскулинные культуры должны фокусироваться на традиционных различиях пола/возраста, чётких задачах и ролях работников, иметь навигацию, направленную на исследование, привлечение внимание с помощью игр и соревнований. "Женские" культуры наоборот, фокусируются на стирании различий между ролями и полами, взаимная поддержка, привлечение внимания поэзией и визуальной эстетикой. Согласно индексу Хофстеде, Россия относится к "скорее женским" культурам.

Высокая степень избежания неопределённости в русском веб-дизайне выражается, прежде всего, в использовании простых концепций, чётких линий, ярких цветов, ограниченного выбора. Можно, например, сравнить немецкой авиакомпании Air Germania и сайт Аэрофлота. Различие в версиях одного и того же сайта для разных стран - например, *Yahoo! Deutsch* и *Yahoo! По русски* также позволяет предположить, что некоторые фирмы действительно принимают в расчёт результаты работы Хофстеде.

Чрезвычайно низкий индекс России по показателю долгосрочной ориентации (например, у Китая - 100) опять таки очень характерен. Принято жить сегодняшним днём и не особо заботится о будущем - *"Пока гром не грянет, мужик не перекрестится"*. Таким образом, согласно убеждениям А.Маркуса, русские сайты должны иметь контент, основанный на правде и верованиях, правилах как источников информации и доверия, дизайн для достижения непосредственных целей и задач.

Некоторые менее привлекательные черты поведения русского человека – чрезмерный коллктивизм, апатия, подозрительность по отношению к иностранцам, пессимизм, мелкое жульничество, работа урывками, уход в себя – не были на самом деле продуктом большевистского режима. Россия была коммунистическим государством 70 лет, а православная Россия существует уже 1000 лет. Основные черты русского характера обозначились за сотни лет до рождения Ленина или Маркса. И царскому и советскому режиму легко было управлять людьми благодаря тому, что они были склонны к коллективизму, покорности, самопожертвованию и терпению.

Что касается щтношения к миру в целом, то любопытно, как русские представляют себе иностранцев и, что особенно важно, как они ведут себя с ними. Несмотря на то что русские общество явно переживает переходный период, отдельные характеристики их деловой культурынеизбежно отражают стиль комт, порожденный тщательной подготовкой и изобретательной организацей.

Российские команды на переговорах часто состоят из ветеранов и экспертов, которые обладают большом опытом. Они ведут переговоры так, будто играют в шахматы, т.е. планируют несколько ходов вперед. Противник должен обдумывать последствия каждого хода, перед тем как сделать его. Для партнёра тоже может быть неясно, когда обслуждаемый вопрос сиязывается с другими вопросами, что для русских типичное. Обычно просят другую сторону начать первой, чтобы можно было отреагировать на предложенную позицию. Их подход к переговорам носит концептуальный и всеобъемлющий характер в отличе от немцев, которые предпочитают решать проблемы «шаг за шагом». Этот концепт может создать трудности при выработке последующих деталей и последующей реализации договоренностей. Чаще всего они представляют начальный план, в котором в общих чертах обрисованы все их цели. Это всего лишь их «стартовая» позиция, но она далека от того, чего они недеются добиться. Вставляют в него несколько «подачек» - то, что не представляет для них особой важности и от чего они могут легко отказаться без ущерба для собственной позиции. Они часто высказывают свои соображения театрально и эмоционально, стараясь ясно выразить свои намерения и требования. Как американцы, русские деловые партнёры любят говорить жестко, если считают свою позицию сильной. Общая тенденция их поведения состоит в том, что они энергично наступают, когда им кажется, что партнёр пятится, и отступают, когда встречают жесткое сопротивление. Могут отказатся от некоторых пунктов, но только в обмен на уступки с другой стороны. Часто предлагают мелкие уступки в обмен на более крупные. Во время встречи сохраняют дисциплину и говорят по одному. Когда поляки или итальянцы говорят «несколькими голосами», русские теряются, поскольку не понимают, кто обладает реальной властью. Во время делового обсуждения они отдают приоритет в таком порядке: личные взаимоотношения, форма, внешние проявления, взможность для заработка. Русские чувствительны и заботятся о своем статусе, поэтому с ними нужно обращаться на равных и не говорить свысока. Для русских контракт не имеет такой обязательной силы, как для западных бизнесменов. Они, как и представители Востока, считают контракт обязывающим к чему-либо только в том случае, если он остается взаимно выгодным.

В личном розговоре, например, во время приема, надо очень осторожно розговоривать о событиях таких как сталиновские времона или война, считая, что, Россия вела большинство войны, обороняясь от агрессивных соседей. Русским неизвестная западная версия исторических событий. В их истории никогда не было развитой демократии, поэтому нельзя ждать, что Россияние автоматически станут эгалитарными, справедливыми, беспристрастными и открытыми для прямой дискуссии. Как и немцы, русские приходят на встречу без улыбки, но их можно «растопить» проявлением взаимопонимания и искренности. Россицские ценности, как сентиментальность, уважение к старикам, самопожертвование, стоицизм в трудные времена и душевная дружба – глубоко человечены. Для того чтобы преуспеть в отношениях с россиянами, нужно четко держать в своем сознании эти качества, вместо того чтобы уделять слишком много внимания загадочным и парадоксальным аспектам их поведения и их современным установкам.

Внешеприведонное исследование наводит на мысль, что с русскими нелегко иметь дело. Нет оснований верить в то, что развитие предпринимательства в России, дающее дополнительные возможности и расширяющее кругозор у тех из них, кто бывает на западе, сделает россиян менее эффективными за столом переговоров. Западные бизнесмены могут иметь «сильные карты» и диктовать свои условия какое-то время, но конечная цель – взаимовыгодные переговоры – будет достигнута лишь путем адаптации к современному русскому менталитету и изменения отношения русских к иностранцам.

Исследования в этой области по большей части касаются национального уровня экономики и бизнеса. Сравнительный анализ различных экономических систем, приложение традиционных методов экономики к российским реалиям — это лишь некоторые перспективные направления исследований в данной области. Особая роль государства и его инструментов, трудности освобождения от административного тоталитаризма, возможности временного сосуществования различных укладов — от рудиментарного распределения до свободного (даже «дикого») рынка в различных регионах России — все эти вопросы еще ждут настоящего глубокого анализа.

4.2 Немцы.

В последние время в практике международного общения наблюдается значительпая унификация правилетикета, принятых в разных странах, на основе европейских представлений о хорошим тоне. Тем не менее национальный элемент в поведении сторонвсегда присутствует. Поэтому знание и учёт национально – психологического склада, традиций профессиональной этики представителей различных культур, несомонно, способствует установлению более дружеских, доверительных отношений, предупреждает возникновение неловких ситуаций, неуверенности в общении. Приведенная ниже характеристика немецкого национально – делового стила может служить своеобразным ориентиром возможного поведения зарубежного партнёра.

В индивидуалистическом обществе как Германия, социальные связи между индивидами являются весьма свободными. От любого члена общества ожидается, что он,/а сам,/а позаботится о себе и своей семье. Все должны стремиться к достижению своих целей и успеху, выступать уверенно и выполнение задачи – важнее, чем человеческие отношения. Людей оценивают по их способностям.

Германия с низкой дистанции от власти отличаются от стран с более ярко выраженной дистанции тем, что предпочитают децентрализованные структуры, высоко квалифицированные рабочие и меньше тратят на охрану и контроль.

Основными структурными характеристиками немецкого общества являются децентрализация и сегментация. Это серьезные помеха для немецкого бизнеса. Германия поздно объединилась, и там не любят слышком сильную центральную власть.

Типичном для немецкой деловой культуры является монохроносное отношение к времени. Это один из способов организации их жизни. В ходе переговоров немцы любят обсуждать вопросыпоследовательно один за другим, т.е. стремление завершить одну цепь действий, прежде чем перейти к другой. Обычно участники очень тщательно прорабатывают свою позицию. Сильная убежденность немцев в том, что они на переговорах ведут себя честно и прямо. У них склонность к резкости и открытому выражению своего несогласия, а не к любезностям или дипломатии.

Немецкие компании – это традиционные, малоподвижные организации, обремененные руководствами, системами и иерархическими ступенями, и многие европейцы считают их излишне жесткими и старомодными. Обязательна иерархия часто приводит к чрезмерной почтительности перед непосредственным начальником и высшим руководством. Они не вмешиваются в замечания своих коллег и в целом демонстрируют хорошую командную работу. Однако они спорят между собой в частной беседе между заседаниями. Так же они не розговаривают с каменным лицом, как многие думают, то часто можно обнаружить расхождение во мнениях между ними по выражению лиц или по их телодвижениям.

В деловом общении немцы официальны и педантичны. Церемония представления и знакомство соответствует международным правилам: рукопожатие и обмен визитными карточками. Обращаться к собеседнику надо по фамилии, например «господин Шмидт», демонстрирующя уважение к их званям и титулам – в Германии примерно много докторов наук.

Немецкий национальный характер и этикет обычно ассоциируются со словом «порядок». Пунктуальность, испольниткельность, дисциплина и порядок – характерные черты немецкой национальной психологии. Немцы не любят, когда нарушаются порядок и их планы, которые неразрывноисвязаные с четкостью, надежностью, порядочностью, чистотой, стабильностью. Порядок прояиляется даже в ьышлении и речи немца, обусловливая их строгость, четкость и определенность. Немцы искренне убеждены, что инструкции, предписания, распоряжения и программы нужно выполнять неукоснительно.

Верят в то, что хорошо разработанные процедуры и процессы решают большинство проблем, и придают порядку первостепенное значение для достижения общего благосостояния.

Переговоры введутся с участием одного или несколких партнёров. Пунктуальность «по-немецки» несомненно, будет оценена немецкими коллегами. Опоздание на деловую встречу – это более чем невежливо, это оскорбление. Они хорошо информированы о том, что касается дела. Приводят логические, зачастую тяжеловесные аргументы в доказательство своей правоты, сегментируют их – каждый член переговоров выступает по своец специальности. Они ждут со стороны зарубежного партнёра того же самого. Любят возвращаться к деталям снова, поскольку стараются исключить возможность разногласий в дальнейшем. Немцам присуш процесс принятия решений происходит на основе консенсуса, что требует обширных подготовительных исследований и зачастую вспомогательных разъяснений. Неней они достаточно консервативны, немцы придают большое значение и будут стараться произвести ними впечатление. Однако разговор с немцем о денгах его не смещает. С такой позиции они подходят и к оценке иностранцев. Если зарубежный партнёр небрежно обращаетсяс вещами, не проявляет бережливости, он рискует прослыть легкомысленным, непрактичным человеком.

Хотя немецкие деловые люди обладают хорошими способностями языкам, особенно к англискому и францускому, любят говорить по-немецки, где только возможно. Часто страдают от незнания иностраных культур. Немцы с большим уважением относятся к тем, кто знает их язык, литературу, культуру и историю. Проявление глубоких знаний в этих областях – наиболее действительный путь расположить к себе собеседника. Но нельзя забывать, что они могут быть очень чувствительными к критике в свой адрес. Это очень искренние люди и полагают, что и другие люди такие же. Они часто расстраиваются оттого, что те, кто относится к жизни небрежно или легкомысленно, не всегда серьёзно отвечает на серьёзные вопросы. Немцы склонны к длинным и глубоким поискам смысла жизни и любят проводить время с выгодой для своих сундуков или души.

В своей серьёзности они очень стараются быть законопослушными, дисциплированными гражданами. В густонаселенной стране требование конформизма в обществе является очень сильным, и немцы не желают выглядеть диссидентами или не так, как другие. У них нет желания вести себя эксцентрично.   Внешне хмурые и осторожные, они в душе своей жаждут признания и популярности.

4.3 Поляки.

Отправной точкой радикальных социально-политических изменений последнего десятилетия во всех странах Восточной Европы и СССР признается именно экономический коллапс, вызвавший не только массовую неудовлетворенность системой тотального государственного контроля в экономической, социальной и интеллектуальной сферах, но и осознание необходимости решительных перемен даже в самих правительственных кругах социалистических стран. Однако идея перестройки М.Горбачева, признававшая «сочетание демократического централизма с самоуправлением», возводила в лозунг несоединимые с точки зрения экономических законов понятия, а выдвинутый тезис «об инициативе масс», направленной на преодоление экономического упадка и выхода из кризиса. Тем не менее, рост частной инициативы, открытая политика по отношению к зарубежным структурам, выход отечественной экономики на международные финансовые и промышленные рынки представляются явными следами экономической «конвергенции», предсказанной еще в 60-е — 70-е г. Всё это касается Польши.

Поляки ближе русских по ментальности, но к беседам и переговором с ними необходимо готовиться тщательно. Польский язык в части межчеловеческого общения весьма богат деталями и нюансами. Когда иностранцы слабо знают зтот язык, но, не обращая на это внимания, пытаются говорить с партнёрами по-польски, они обычно делают много ошибок, которые выглядят бестактностью и даже грубостью. Поэтому лучше пользоваться иногда услугами переводчика. Одна из отличительных черт общения поляков – это вежливость и уважительность к коллегам и партнёрам. Друг к другу они часто обращаются в третьем лице. Слова «пожалуйста», «спасибо», «извините» буквально пресыщают разговорную речь поляка.

В польском обществе ценится открытость, искренность. Деловые предложения должпы быть, как можно лучше изложены и как можно понятнее. К встречам и переговорам желательно готовить хорошо отпечатальные программы, планы, тезисы, предложения. В отличие от американцев или англичан, поляки готовы вернуться к обсуждению деловых вопросов и в неформальной обстановке, во время приема и после него. Галантные кавалеры, поляки всегда весьма обходительны с женщинами, уделяют им в компании повышенное внимание. Целуют руки, иручают цветы, говорят комплименты. Во время приемов обычно каждый третий тост посвящается женщинам. Вообще содержание тостов обычно адресуется кому-то из присутствующих, персонифицируется. Поэтому будет уместным и желательным сказать тост в адрес руководителя польской делегации, а затем в честь всех других гостей по очереди. При этом необходимо найти положительные качества и особые заслуги у каждого. По поводу приема подарков у поляков нет никаких предубеждений или ограничений. Как правило, они привозят сувениры для принимающей стороны и ожидают соответственного ответного шага от хозяев.

Поляки почти всегда готовы к общению с прессой, поэтому уместным предложить организовать пресс – конференцию или интервью для местных и иностранных средств массовой информации.

Дистанция от власти показывает степень равенства или неравенства людей в обществе. В странах с более ярко выраженной дистанции, как в этом случае, люди привыкли к более авторитарному стилю и более сильной бюрократии. Они слушаются приказов начальства и не используют прямую критику в адрес своих руководителей.

Индивидуализм, т.е. степень поощрения обществом индивидуальности или наоборот, коллективного сознания в польском обществе невысокий. В этом коллективистском обществе люди с рождения интегрированы в группы, которые обеспечивают своим членам защиту на протяжении всей жизни при условии лояльного к ним отношения. Обязанности перед родными важнее, чем перед другими. Люди по-разному оцениваются в зависимости от их принадлежности к разным группам. Межличностные отношения важнее, чем выполнение задачи, что часто является отрицательной стороной. С другой стороны для людей с коллективным самосознанием приоритетным является достижение гармонии внутри коллектива и групповых целей (семьи).

Власть мужчины показывает, что это общество поддерживает традиционную модель мужского пола как основного, имеющего власть.

Избежание неопределённости обнаруживает высокую степень толерантности к неоднозначностям и неточностям в жизни общества, что вероятно ограниченно исторически.

Наконец указатель LTO, которого размер равный 32 показывает направленность польского общества на достижение ближайших целей.

На польском рынке есть немало сложностей. Дело в том, что покупательский спрос последние несколько лет не растет, а даже падает, и это главная сложность. Конкуренция возрастает почти во всех сферах деятельности. Борьба за деньги клиентов идет нешуточная. И при этом ничего не мешает большинству фирм работать с 9 утра до 4 вечера и всего 5 дней в неделю. Особенности менталитета — это, наверное, вторая важнейшая проблема, в этом Польша отличается от России даже в худшую сторону. Принятие решений здесь обычно затягивается. Часто случается, что достигнутые договоренности не выполняются. Может быть - меняют цены без предварительного информирования партнера о таких изменениях. Причем делается это даже тогда, когда имеет место подписанный договор. Это очень неприятно. Подписанные договоры нередко грубо нарушаются.

Поляки очень человечны. При розговоре с ними лучше всего отказаться от своей холодности, забыть о диктате времени, признаться в некоторых личных грехах или поступках, задавать им какие-нибудь довольно личные вопросы, даже выпивать с ними, если предлагают. Однако никогда нельзя забывать, что поляки обидчивы и чувствительны. Можно с ними, сколько удобно смеяться над немцами или чехами, можно даже критиковать некоторые польские обычаи, но не надо говорить ничего, что могло бы быть истолковано как посягательство на их личное достоинство или честь. Надо тоже быть очень деликатным разговаривая с поляками о военных временах – они всегда считают себя найболее потерпевшими и не умеют посмотреть на свое поведение с более критичной точки зрения. С другой стороны им неизвестная, например русская версия исторических событий, поэтому надо и на это иметь взгляд.

Заключение.

Основные принципы независимости и равноправия государств в настоящее время общепризнанны и осуществляются на практике. Отношения между государствами уже не определяются исходя из единственного критерия, а зтикет, принятый в международной практике имеет исключительно важное значение. Основанный на традиции и учитывающий национальные особенности, он создаёт в каждом государстве нормальную обстановку и соответствующие условя для того, чтобы отношения между правительствами суверенных государств и их должностыми лицами различных рангов могли развиваться в мирной и дружественной обстановке и нормальной атмосфере. Более продуктивным, на взгляд менеджеров многих фирм и их владельцев, является путь принятия на работу выпускников учебных заведений, где имелась обширная и разветвленная программа обучения основам этики. В таком случае этические стандарты закладываются в сознание и подсознание будущего сотрудника как часть мировоззренческого комплекса и как непреложные аксиомы, на подлежащие оспариванию. Тогда громоздкая и дорогая система разработки кодексов компаний, обучения сотрудников этическим нормам контроля над соблюдением этических требований оказывается в значительной степени ненужной. Поэтому примерно крупные и богатые немецкие фирмы, имеющие собственные деловые школы, школы бизнеса, внедряют них такие пр

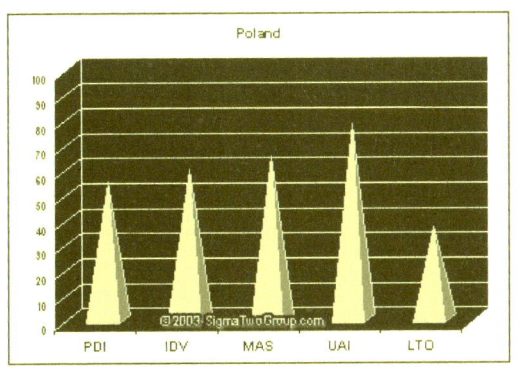

График 1.

Список литературы.

1. Ботавина Р. Н. *Этика деловых отношений* – И.: «Финансы и статистика», Москва 2001

2. Вуд Дж., Серре Ж. *Дипломатически церемониал и протокол* – Пер. с анг И.: «Международные отношения», Москва 2003

3. Льюис Р. Д. *Деловые культуры в международном бизнесе* – Пер. с анг., И.: «Дело», Москва 2001

4. Мирзоян А. *Мир этикета* – И.: «Урал Л.Т.Д.», Челябинск 2001

5. Михалькевич Т. Н. *Этикет международного общения* – И.: «Книжный дом», Минск 2004

Интернет.

http://www.businesskultur.com/2004/deutschland (2.04.2005г.)

http://www.businesskultur.com/2004/polen (2.04.2005г.)